Ulrich Schaffer · Neues umarmen

Ulrich Schaffer

Neues umarmen

Für die Mutigen,
die ihren Weg suchen

Kreuz Verlag

Für Hildegard
auf deinem ganz eigenen Weg,
den niemand so gehen kann,
wie du ihn gehst.

3. Auflage (19.–28. Tausend) 1984
© Kreuz Verlag Stuttgart 1984
Gestaltung: HF Ottmann
Umschlagfoto: Carsten Gursche
Satz: Typobauer Filmsatz GmbH, Scharnhausen
Druck und Bindung: Spiegel, Ulm
ISBN 3 7831 0739 3

Ins Offene gehen

Mit diesem Band möchte ich eine Reihe Gedankenanstöße geben. Viele der Texte sind nicht »fertig«. Der Leser muß sie weiterdenken, weiterschreiben, weiterleben. Sie sind nicht als Konsumiertexte gedacht.

Auch die Spannungen in dem Buch sind gewollt und bewußt erhalten. Sie spiegeln die Spannungen meines Lebens wider. In den letzten Jahren sind mir manche Kategorien nicht mehr lebensfördernd erschienen, und ich habe sie drangegeben. In manchen Denkweisen fühlte ich mich unwohl, und ich habe sie losgelassen. Andererseits habe ich Neues entdeckt und es mit viel Freude, aber auch mit Zittern in mein Leben aufgenommen. Ich habe mich darin geübt, Widersprüche stehenzulassen, und will sie darum auch dem Leser nicht ersparen. Widersprüche und Spannungen gehören zum Leben, und sie überall aufzulösen und zu harmonisieren ist oft ein Vergehen gegen das Leben.

Auf diesem Weg ermuntert und befreit es mich immer wieder, festzustellen, daß es andere gibt, die einen ähnlichen Weg gehen. Ich bin nicht allein. Auch andere können nicht mehr in dem Althergebrachten leben und suchen nach neuen Lebensweisen. Auch sie sind desorientiert in dem Überangebot dessen, was als das wahre Leben angepriesen wird, oder eingeschüchtert von dem Gewicht und der Macht der Institutionen, unsicher beim Verlassen der Traditionen und beschwert von ihrer persönlichen Geschichte. Und manchmal glückt es dann, wenn wir uns begegnet sind und uns erkannt haben, ein

Stück Weg zusammen zu gehen auf der Suche nach erfülltem Leben. Diese Texte sind Notizen von diesem Weg.

Nichts hält uns so sehr ab, erfüllt zu leben, wie die Angst. Ihre Gestaltungen sind unzählig. Sie ist unser ständiger Begleiter, verengt unser Leben, setzt uns gefangen. Von der Angst des »Was werden die andern sagen?« bis zu der Angst vor einem erfüllten Leben, als könnten wir »Glück« nicht ertragen, versucht die Angst uns zu regieren. Diese Texte wollen Mut machen, den Weg aus der Angst zu finden.

Ich will mich nicht von der Angst faszinieren lassen, sondern nach vorne sehen und spüren, wo es weitergeht. Ich will das Neue erleben, es prüfen, und wenn es mein Leben und das Leben meiner Mitmenschen zur Entfaltung bringt, es umarmen. Ich will offen sein für das Lebendige. Und so habe ich in diesen Texten formuliert, was für mich das Lebendigsein bedeutet. Ich bin unterwegs.

Ulrich Schaffer
Burnaby, B.C. Canada
im Dezember 1983

*Die Grenze
ist der eigentliche Ort der Erkenntnis.*

Tillich

*Für alle Grenzgänger.
Für die, deren Leben im Umbruch ist.
Für die Mutigen,
die nach neuen Wegen suchen,
wenn die alten unbegehbar geworden sind.*

Auf dem Weg aus der Angst

Ich suche nach Möglichkeiten,
das Leben zu erfassen
und mich zu entkrampfen.
Ich bin auf dem Weg aus der Angst,
der Angst
vor der Meinung meiner Mitmenschen,
   die wie eine Drohung über mir hängt;
vor der Unsicherheit des Lebens,
   die mir alle Planungen zerstört;
vor dem Urteil anderer,
   das in mir die Selbstverurteilung wachruft;
vor der Gerechtigkeit Gottes,
   für die ich nie genug zu sein scheine;
vor dem Verlust der Liebe meiner Freunde,
   die Bedingungen an ihre Liebe knüpfen.

Ich wehre mich gegen die Angst,
die mir die Freude an meiner Freiheit nimmt,
die mich nichts wagen läßt,
die mich eng und klein macht,
die mich fesselt,
die mich nicht direkt und offen sein läßt,
die mich verfolgt,
die meine Phantasie negativ beschäftigt,
die immer dunkle Bilder malt.

Und doch
will ich mich nicht verbarrikadieren
aus Angst vor der Angst.
Ich will leben
und mich nicht verschließen.

Ich will das Urteil anderer hören.
Ich will über die Gerechtigkeit Gottes nachdenken.
Ich will mich der Unsicherheit aussetzen.
Ich will die Gefahren der Freiheit erkennen.
Aber in allem will ich lernen,
mich nicht von der zerstörerischen Angst
beherrschen zu lassen.

Ich will jedes in sich erleben.
Ich will offenbleiben,
aber die verzerrende Angst in den Erlebnissen
zurückweisen und so entkräften,
weil ich mit ihr nicht sehen und hören kann.
Sie verfälscht und behindert.

Mein Leben gehört mir
und nicht meiner Angst.
Ich fordere es zurück.
Ich will die Entscheidungen treffen
und sie nicht der Angst überlassen.

Ich will nicht freundlich sein,
weil ich Angst habe,
ehrlich zu sein.

Ich will fest auftreten,
weil ich überzeugt bin,
und nicht um meine Angst zu verdecken.

Und wenn ich schweige,
dann will ich es tun, weil ich liebe, und
nicht aus Angst vor der Wirkung meiner Worte.

Ich will nicht etwas glauben,
weil ich Angst habe,
es nicht zu glauben.

Ich will nicht philosophieren und theologisieren
aus Angst,
daß mir etwas zu nahe kommen könnte.

Ich will mich nicht verbiegen,
weil ich Angst habe,
sonst nicht liebenswürdig zu sein.

Ich will andern nicht etwas vorschreiben
aus Angst,
sie könnten mir etwas vorschreiben.

Aus Angst vor dem Fehler-Machen
will ich nicht tatenlos werden.

Ich will nicht wieder
in das Alte, Unlebbare fliehen
aus Angst,
mich in dem Neuen nicht zurechtzufinden.

Ich will mich nicht wichtig tun,
weil ich Angst habe,
sonst übersehen zu werden.

Und die Angst,
Gott nicht zu gefallen,
will ich konsequent abbauen.
Ich will aufhören, mich wie ein komisch Fremder
vor Gott zu bewegen,
und ihm glauben, wenn er mich »Sohn« nennt.

Aus Überzeugung und Liebe
will ich tun, was ich tue,
und lassen, was ich lasse.

Der Angst
will ich die Herrschaft entreißen
und sie der Liebe geben.

Ich will dem Reich in mir glauben.

Wenn sich in dir alles zubereitet,
wenn der Ton stimmt,
   der durch deine Knochen und Innereien zieht,
wenn dir Worte wie Offenbarungen kommen,
wenn es klingelt und jemand sagt:
   Ja, du, ich will auch, ich will;
wenn im Blick nach rechts und links
   deine Sicherheit nicht ganz verschwindet,
wenn deine anderen Pläne
   wie verjährte Anklagen von dir abfallen,
wenn deine Hände und Füße
   anfangen zu denken,
wenn du dich leuchten spürst,
wenn alte Ketten zu Luft werden,
wenn man dich fragt
   und du dich wunderst, daß man *dich* fragt,
wenn dir aufgeht,
   daß du schon mal hier warst,
wenn du keinen anderen Weg mehr siehst
   als den unbegangenen,
wenn dein Körper in seiner Energie summt,
wenn du willst, willst, willst,
   wenn auch mit Angst,

dann ist es Zeit:
Nimm dich ernst.
Werde einseitig.
Nimm Abschied
(aber mach es kurz,
sonst bleibst du).

Hier
wird nichts klarer.
Mehr wirst du nur sehen,
wenn du losgehst,
weil alles andere
hinter der Krümmung der Erde liegt.

Geh doch los.

Du hast eine Arbeit.
Dein Lohn reicht aus,
um dir die meisten Wünsche zu erfüllen.
Du bist nicht krank,
du brauchst Gott nicht.

Warum stehst du dann manchmal am Fenster
und versinkst in der weiten Landschaft?

Deine Freundin verläßt dich nicht.
Mit deinen Eltern kommst du gut aus.
Dein Urlaub ist vorbereitet,
deine Freunde mögen dich.
Du brauchst Gott nicht.

Warum kennst du dann das Gefühl des Suchens,
ohne Ziel und Weg?

Kennst du den Wunsch,
für den es keine Worte gibt?
Leben, Erfüllung, Freiheit, Sinn
sind die Worte, die dir kommen,
aber keins trifft, was du suchst.

Oder hast du alle Wünsche,
Träume und Hoffnungen zurückgenommen,
weil du nichts gefunden hast?
Oder kann es sein,
daß es noch mehr gibt?

Gott,
ich danke dir
für die Freiheit zu sündigen.

Das ist nicht,
was ich wirklich will,
aber auch wenn ich es wollte,
hinge deine Liebe zu mir davon nicht ab.

So kann ich das Risiko eingehen,
den sicheren Raum der äußeren Gesetze
zu verlassen,
um sie ganz neu in mir zu entdecken,

nicht als Formen des Gesetzes,
sondern als Ausdruck der Liebe.

Eigentlich wäre es logisch,
wenn die Revolution,
die eine, große,
die menschenwürdige,
die langersehnte,
wenn sie beim einzelnen Christen
mit zunehmendem Alter wüchse
und intensiver würde.

Ich aber höre Wendungen wie:
– Laß ihn erst mal in unser Alter kommen.
– Unmöglich ist, was sie wollen.
– Er wird sich schon die Hörner abstoßen.
– Sie ist doch noch so jung.
– Die spinnen.
– Nichts wird so heiß gegessen,
   wie es gekocht wird.
– Sie werden's ja sehen.

Und ich sehe mir das Profil des Revolutionärs an:
Er beginnt erst mit dreißig,
liebt so,
daß den andern die Sprache wegbleibt,
ist kompromißlos sanft mit den Leidenden.
Er hofft und hofft und hofft.
Er leidet
für
andere.
Er setzt sich nicht zur Ruhe.
Er kalkuliert nicht seine Chancen.
Er ist bereit, auch ganz allein zu arbeiten.

Heller und heller brennt er,
je älter er wird.
Er ist unrealistisch.
So verstiegen,
so überspannt.
Er hat sein Ziel so undenkbar hoch angesetzt,
und endlich mit dreiunddreißig
geht er zu weit –
und wortarm,
verblüffend still,
mit einem Segen für seine Gegner,
stirbt er ohne Haß.

Ich möchte unrealistisch bleiben.

Vor kurzem bin ich vierzig geworden.
Ich spüre es als Wende,
ziehe Bilanz und empfinde,
daß ich lange genug gewartet habe,
daß ich genug Rücksicht auf das »man«
und die andern genommen habe.

Ich habe mein Pensum an Zurückhaltung erfüllt.
Ich habe mir gesagt,
daß ich noch zu jung sei,
und habe es mir auch geglaubt
(manchmal auch gegen mein besseres Wissen).
Ich habe mir Unfähigkeiten eingeredet,
die ich nicht hatte,
um andere mit meiner Festigkeit
nicht zu schockieren.
Oft habe ich nichts gesagt,
und manchmal habe ich nicht denken wollen,
weil darauf eine Strafe zu stehen schien.

Jetzt liegt mehr als die Hälfte meines Lebens
hinter mir,
vielleicht dreiviertel,
aber um die Länge geht es schon lange nicht mehr,
sondern um die Qualität,
und auf die will ich achten.

Deutlicher als je zuvor geht es mir auf,
daß ich eine gewisse Form des Wartens
nicht mehr üben will.
Das können jetzt andere übernehmen.
In mir will leben,
was in den Jahren gewachsen ist.

Wege laden mich ein,
steile und einsame,
leichte und schöne,
mit andern und allein
kann ich sie gehen.
Ich wähle jetzt als Vierzigjähriger
auf dem Hintergrund unzähliger Entscheidungen.
Jetzt soll zusammenkommen,
was vorher vereinzelt war.
Aus den Stücken soll ein Ganzes werden.

Ich wende mich den Grenzen zu,
die ich früher eingehalten habe,
um sie jetzt zu überspringen oder zu versetzen,
weil ich nichts mehr als vorgegeben annehme.
Ich mache mich auf, weiter und tiefer
in die Geheimnisse des Lebens einzudringen.
Für das Neue will ich wach sein,
für das Herz in der Mitte.

Ich will erwachsen sein,
ich will so alt sein, wie ich bin.

Ich habe die Fähigkeit,
mich in Gedanken mit vielem zu beschäftigen.
Ich kann mich interessieren.
Ein gutes Buch kann mich fesseln.
Aber dahinter will ich etwas anderes.

Eine Theorie kann mich faszinieren.
Ich habe das Mitgehen beim Reden gelernt.
Ich weiß etwas über Sympathie.
Ich bin meistens ein guter Hörer.
Aber dahinter droht etwas verschüttet zu werden.

Ich will mir selbst nähertreten,
mich selbst aufspüren,
mich mit meiner eigenen Gegenwart überraschen,
weil ich ein Fremder
in meinem eigenen Haus bin.

Heute will ich mich darauf besinnen,
was mir wirklich etwas bedeutet.
Ich will sehen, ob ich das zu fassen kriege,
was nur Ahnung in mir ist.
Ich will mein Leben liebevoll behandeln.

Ich will all die Pflichten ablegen,
die meine Mitmenschen an mich herantragen.
Ich will mich nicht mehr
an Gepflogenheiten halten.
Ich will die Regeln, die mich zu einem
»lieben Menschen« machen sollen,
nicht anerkennen.

Ich lege das Noble ab.
Ich gehe heute weg von dir
und überlaß dich dir selbst.
Ich verweigere mich. Ich grenze mich ab.
Ich bin nicht gegen jemand, sondern für mich.
Und dafür habe ich keine Schuldgefühle.

Bei mir rührt sich etwas,
dem will ich begegnen.
Es erhebt Anspruch auf mich,
ist aber noch sehr schüchtern.
Doch ich weiß,
daß ich es entdecken muß,
weil es der Schatz, der einzige Schatz ist,
den ich dir
zu geben
habe.

Darum finde ich auch dich,
wenn ich mich finde.

Ich will nicht mehr betteln.
Diese Erniedrigung paßt nicht
zu einem Sohn Gottes.

Ich will nicht mehr unterwürfig knien.
Dann kann ich deine Augen nicht sehen
und gehe an deinem Angebot vorbei.

Ich will mich nicht verstecken
und bewußt tun, was ich tue,
auf dem Weg in die Reife.

Ich will mich nicht entschuldigen
wie einer, der immer ungenügend ist.
Du hast mich doch gemacht.

Ich will mein Gesicht nicht vor dir verdecken.
Du sollst sehen, wer ich bin,
und ich will mich nicht mehr schämen.

Ich will mich nicht mehr verurteilen
wie einer, dem es immer um Schuld geht
und nicht um Wachstum.

Ich will keine Angst vor der Sünde haben,
weil die Angst
der Sünde die Macht gibt.

Ich will nicht mehr so tun,
als hätte ich keine Sehnsüchte und Träume.
In ihnen steckt der Hunger nach Leben.

Ich will keine Angst mehr vor dir haben,
weil Angst
trennt.
Ich
will leben,
bunt und auf dich zu,
wie eine Blume sich zur Sonne streckt.

Ich will weniger fromme Worte gebrauchen.
Ich will das Komplizierte an mir lieben.
Ich will freier mit dir sein, ohne Angst.
Ich will ein Sohn sein, der erwachsen wird.

Ich will aufrecht gehen.
Ich will denken ohne schlechtes Gewissen.
Ich will meine Phantasie ehren.
Ich will meine Freude genießen.
Ich will meinen Schmerz verstehen.
Ich will meinen Körper würdigen.

Ich will voll verantwortlich für mich sein.
Ich will echter werden.
Ich will mit mir ehrlich sein.
Ich will auf dich zugehen, weil ich es will.

Ich will mein Leben besitzen,
damit ich es weggeben kann,
wenn ich es will.

Ich treffe auf Christen, von Angst gezeichnet.
Die Angst zeigt sich am deutlichsten,
wo nicht mehr frei gedacht werden darf.
Alte Grenzen werden gewahrt,
   nicht aus Überzeugung,
     sondern aus Respekt vor der Überlieferung.
Die Schönheit der Grenzenlosigkeit
   darf nicht einmal mehr gedacht werden.
   Sie könnte gefährden.
Das Undenkbare ist nicht Herausforderung,
   sondern wird nur als Versuchung gesehen
   und muß darum verdrängt werden.
Die Angst bestimmt, was denkbar ist und was nicht.
Die Angst bestimmt die Sicht.

Es gibt so viele Erklärungen,
warum etwas nicht zu Ende gedacht wird.
Es gibt Denk-Auswege.
Alle sind fromm und gottesfürchtig,
und die Angst wird als Weg Gottes beschrieben.
Das andere »steht uns nicht zu«,
ist rebellisch und chaotisch,
ist frech und blasphemisch.

So wird die Welt eingeteilt.
Da gibt es rechts und links,
richtig und falsch,
und die Angst,
als Gerechtigkeit verkleidet,
ist der Richter.

So verlieren wir das Erlebnis
des Auf-Gott-Geworfenseins.
Wir verlieren unsere Freiheit.
Alles bleibt im alten Trott,
in ständigen Wiederholungen,
im Verklären der Vergangenheit,
in der Anbetung der Tradition,
in der Verherrlichung der Gewohnheiten.
Gott wird durch die Väter ersetzt.

Ich will mich und das Bild Gottes in mir
von meinen Gedanken herausfordern lassen.
Ich will keine Angst vor meinen Gedanken haben,
weil ich weiß,
daß kein Gedanke außerhalb von Gott ist.

Wir hängen dazwischen.
Altes ist leer geworden,
es klingt hohl,
bringt nichts mehr zum Schwingen in uns.

Worte,
Lieder,
Gesten,
Bewegungen,
Gedankengebäude,
sie betreffen uns nicht mehr,
und darum sind wir nicht betroffen.
Es geschieht etwas an uns
aber nicht in uns.

Wir warten.
Wir überlegen.
Wir sind unsicher.
Wir ahnen.

Das Neue ist noch nicht da.
Vorsichtig hat es sich angedeutet.
Wir haben es in inneren Bildern gesehen.
Wir wissen, daß es kommen wird,
weil wir das Alte verloren haben.

Es hat noch keinen Namen.
Die alten Worte passen nicht.
Unsere Vorstellungen sind noch zu eng.
Wege sind noch nicht gebahnt.
Schon die Ansätze laufen gegen Blockaden.
Und der Preis des Wartens
scheint ständig zu steigen.

Müdigkeit ist unser gefährlichster Feind,
und die Mutlosigkeit begleitet uns
wie ein ständiger Schatten.
Wollen wir einander helfen durchzuhalten?
Wir wollen eine Verschwörung bilden,
die in Stärke und Sanftheit
das Neue herbeisehnt.

Hier zu stehen
in diesem Nicht-Mehr und Noch-Nicht,
ist eine Form von Glauben,
und sich die Lösungen der Vergangenheit
nicht mehr zu genehmigen,
ist Ausdruck des Vertrauens,
daß alles weitergeht,
daß es einen Punkt gibt,
auf den wir zuströmen,
daß es eine Kraft gibt,
die die Entwicklung steuert.

Ich will mich der Veränderung nicht entziehen.
Ich will loslassen,
um wieder Neues umarmen zu können.
Und auch das will ich wieder loslassen,
in einer ständigen Entwicklung
auf meinen Ursprung zu,
auf die Vollkommenheit, aus der ich komme
und zu der ich gehe.

In gewissen Momenten
zieht mein Leben
in Lautlosigkeit an mir vorüber.
Nichts leuchtet auf.
Nichts sticht hervor.
Und doch liegt auf allem eine Gegenwart.

Dann entdecke ich in meinen Gedanken
einen Weg, eine Richtung.
Ich spüre die Wünsche hinter meinen Wünschen.
Ich ahne Zusammenhänge,
ich höre tiefer und sehe weiter.

Aber dafür gibt es keine Worte.
Immer hat es mit Gott zu tun,
nicht irgendeinem Gott,
aber dem Gott, der sich mir begreifbar machen will.

So lausche ich auf die Bewegung in mir.
Ich kann sie nicht machen.
Er berührt mich, wann er will.
Ich übe das Warten aus Tiefe.

Ich weiß um andere,
die auch Sehnsucht haben nach der Stille,
in der alles zusammenkommt
und sanft und unzerstörbar wird.

He, wie ich fliege

So wie ich die Dinge würdige,
verändere ich sie.
Sie werden wertvoll durch mein Anschauen.

Die Gänseblümchen
werden zu einer Liebeserklärung,
weil ich sie als meine Botschafter wähle.
Sie sagen die schönsten Worte
und haben so ihre ganz eigene Herrlichkeit.

Buchstaben werden zu Worten, die leuchten.
Worte werden farbig
durch meinen Gebrauch.
Ich habe ihnen mein Leben anvertraut,
und sie tragen es zu dir.

Und so erneuert meine Wahl,
meine Beachtung und Würdigung die Welt.
Und die veränderten Dinge
wirken auf mich zurück.
Sie rufen mich ins Leben.
Ihr Glanz läßt mich leuchten.
Ihr Wert macht mein Leben wertvoll.

Der Würdigende wird gewürdigt
und würdigt weiter,
und still, wie die Sonne eine ganze
    Landschaft überflutet,
breitet sich neues Leben aus.

Ich breche durch in diesen weiten Raum.
Meine Augen sind Vögel,
die durch die Luft stürzen,
sich schwingend hoch halten,
still stehen im Wind unter ihren Flügeln,
abwinkeln,
wegfallen vom Wind,
mit dem Tod spielen,
um endlich das Leben,
das dichte, mitreißende zu spüren.

Das bin ich.
He, wie ich fliege
in diesen weiten Raum
mit meinen Windgedanken,
die entgrenzt in den Geist der Freiheit wirbeln,
Boten einer anderen Helligkeit.

Hier hat die Verzweiflung aufgehört.
Unmöglichkeiten werden zu Wundern,
und wie ein Puls
wellt und fließt das Leben
durch die blühende Luft.

Ich höre Albinonis Adagio in g-Moll
und bin betroffen
von der Größe des Menschen,
von der Wahrhaftigkeit der Gefühle,
von der Tiefe des Erlebens.

Ich spüre,
der Mensch ist groß,
kann groß sein,
ist nicht nur Staub
und nicht nur Wurm,
wie ich es als Kind in Liedern gelernt habe.

Ich lehne mich heute dagegen auf,
halte mich an die Wahrheit,
die mir von Albinoni entgegenschwingt.

Ich werde mir bewußt,
daß ich Sohn bin,
Sohn eines Vaters,
der unendlich reich ist.

Wohl kenne ich Begrenzungen,
die Schranken meines Fleisches,
die Unerreichbarkeit der Vollkommenheit.
Wohl weiß ich um das offene Maul der Sünde,
um die Versuchung,
mich mit Zweitbestem zufriedenzugeben.
Ich habe Leid ausgelöst
und Gleichgültigkeit in mir gespürt.

Darum habe ich mich mit ihm verbündet,
und er hat seine Arme aufgemacht,
und ich bin hineingelaufen
in den Tod Gottes,
der mir Leben gebracht hat.

Jetzt feiere ich.
Ich feiere,
ich stimme die Feier an
auf den Sohn Gottes
und die Größe des Menschen.

Gott,
laß dir meine Stille genügen.
Ich will nicht mehr sprechen.
Meine alten Worte sind eine Lüge,
und das neue Beten
habe ich noch nicht gelernt.

Ich bin auf dem Weg, echter zu werden.
Ich will das tun, was ich von innen tun kann.
Das Halbgefüllte ist mir über,
ich finde meine eigenen Worte lächerlich.
Ich will nicht mehr gegen die Decke beten,
weil es meinen Glauben zerstört.
In mir veränderst du dich;
du bist nicht mehr der Abhörer meiner Gebete.

Ich spreche in erster Linie für mich,
aber es gibt noch andere hier,
die ängstlicher sind als ich.
Kauernd wollen sie dir gefallen
und verlieren dabei ihr Menschsein.

Ihnen will ich Mut machen
mit meinem Schweigen.
Verstehst du mich?
Schweigen ist mein Glauben.
Stille ist mein Gebet.

Manchmal merke ich auch schon,
daß von weit innen ein anderes Beten kommt.
Es ist wie ein Atmen,
wie die Füße voreinandersetzen,
wie die Augen aufmachen,
wie mit der Haut empfinden,
wie hören, hören, hören
unter und hinter den Dingen.
Da wird alles an mir Empfang und Gegenwart.

Da mußt du dir die Worte dazudenken,
aber ich weiß auch, daß du sie nicht brauchst,
weil du ja auch so betest.
Du atmest (daher kommen wir ja),
du gehst (an unmögliche Orte, zu uns),
du siehst uns an (darum leben wir noch),
du streichelst mich (in mir wächst Zärtlichkeit),
du hörst (darum dürfen wir schweigen).
So betest du und bleibst dir treu.

Darum kann ich dir mein Atmen schenken,
mein Gehen und Schauen,
ich schenke dir die Empfindungen meiner Haut
und die Geräusche meiner Seele.

Reicht dir das?
Mich macht es froh.

Was die Augen ansehen
und in sich aufnehmen,
verändert den ganzen Menschen.

Erst zeichnet sich in den Pupillen ab,
    was in die Seele eintritt und trifft.
Dann wird das ganze Gesicht betroffen,
    die Mundwinkel,
    die Linien um die Augen,
    die Stirn in Falten oder glatt,
sind alle Spiegel für das Angesehene.

Dann trifft es den ganzen Körper,
    die Schultern,
    den Schritt,
    die Haltung der Arme,
    die Hände,
und geht weiter über den Körper hinaus
ins tiefe Wesen des Menschen.

Ein junger Mann ist überwältigt
von der winkenden, mutmachenden Hand
    des Mannes,
der auf dem Wasser geht
und ihn über das Wasser zu sich ruft.

Jetzt wird das Unmögliche möglich.
Gehalten von den Augen des Mannes,
kann auch er auf dem Wasser gehen:
Schaumkronen und Wellen
wie feste Erde unter ihm.
Und er weiß,
daß die Kraft in dem liegt,
der ihn ansieht.

So wie wir sind,
ist es möglich,
im Bereich des Wunders zu leben.

Wir brauchen nicht älter zu sein,
oder besser,
nicht frommer oder perfekter,
sondern uns dem anzuvertrauen,
dessen Augen uns suchen,
der uns mehr zutraut,
als wir uns selbst zutrauen,
der das Unmögliche ins Leben ruft.

Im Ansehen seiner Augen
werden sich unsere Augen verändern,
und wir werden in uns die Kraft entdecken,
die dort schon lange angelegt ist.

The Pershings are operational in West Germany.
Es fehlt nur noch eine Hand,
vielleicht nur ein Finger, ein Kopf...,
ein Mißverständnis.

Die Flugbahn wird über verschlafene Wälder gehen,
über Kirchtürme und Flußläufe,
über Getreidefelder, soweit das Auge reicht,
aber am Ende ist das Ziel warmes Fleisch
(wie das der auslösenden Hand, des Fingers).
Die vorprogrammierten Koordinaten
haben das Atmen des andern als Ziel.

Ich trage Pershings in mir.
Sie sind auf dein Herz gerichtet.
Ich bin kein böser Mensch.
Nur ein bißchen Macht will ich.
Nur ein bißchen Sicherheit.
Nur ein bißchen Abschreckung.
Alles nur für den Frieden.

Schon als Junge wurde ich gewarnt
vor dem Rückschlag eines Gewehrs.
Heute weiß ich, daß der Rückschlag größer ist
als die Wirkung des Geschosses.

Sieh, wie der Zielende auf sich selbst zielt,
ohne es zu wissen, und wie er schon beim Zielen
beginnt langsam zu explodieren.
Das Leuchten in den Augen des Schießenden
ist das Aufblitzen des eigenen Todes.

Nicht einmal zielen will ich.

Jesus,
ich kann mir vorstellen,
daß wir uns lieben würden,
daß uns keine Entfernungen zu weit wären,
    zueinander zu kommen,
daß wir horrende Telefonrechnungen hätten,
daß wir Eilpostmarken kleben würden,
daß wir einander unsere Bankbücher
    überlassen würden,
daß wir auf keine Anlässe warten würden,
    einander zu beschenken,
daß wir einander anlachen würden,
    weil wir wieder einmal
    die Gedanken des andern
    richtig erraten hätten.

Warum sage ich »hätten« und »würden«?
Es ist doch so!

Und doch bist du manchmal unwirklich.
Unwirklich weit weg.
Unendlich viel reifer.
Ich bringe dich nicht hierher.
Da hilft nichts.

Vermißt du mich auch so?

1
Sieh in die Wolken.
Entdecke nichts in ihnen.
Achte nicht darauf,
welche sich auflösen
und welche größer werden.

Werde eine Wolke.
Laß dich vom Wind treiben.
Laß dich los.
Laß los.

Laß doch los.

2
Laß einen wichtigen Termin verfallen,
etwas, wo du unabkömmlich bist.

Beweise deine Abkömmlichkeit.

3
Fahre/gehe
auf einem anderen Weg
zur Arbeit/Schule
und laß dir Zeit,
viel Zeit.

Dann lerne
innerlich
andere Wege zu gehen.

4
Bestrafe dich nicht.
Glaube dir,
daß du leben willst.

Du weißt doch,
daß du nicht so dumm bist,
so gegen dich zu sein,
wie die anderen dir unterstellen.

5
Glaube einen Augenblick lang,
daß Gott von deinen Gedanken an ihn
abhängig sein könnte.

6
Bekämpfe deine Träume nicht.
Glaube ihnen.
Sieh in ihnen deinen Wunsch nach Leben.
Mache sie wahr.

7
Achte dich hoch,
daß du den andern
höher als dich selbst achtest.

8

Lies alle Eintragungen unter dem Buchstaben »C«
in einem Taschenlexikon.
Lies sie alle.

Entdeckst du,
daß es draußen
noch eine andere Welt gibt
als die deines Karussells,
auf dem du dich bis zum Umfallen drehst?

Entdecke diese Welt.
Werde ein Experte über John Cabot
(italienischer Seefahrer 1425–1498)
oder lies ein Stück von Calderon
(»Das Leben ein Traum« würde ich dir empfehlen).
Reise mal nach Calw
(da ist Hesse geboren),
oder besieh dir Bilder von Carpaccio
(das könnte doch für ein Jahr »dein«
    Maler werden).
Versuche eine ganz leichte Komposition von
Chopin auf dem Klavier zu spielen
(sag nicht immer gleich »kann ich nicht«).

Öffne dir die Welt.
Tritt in sie ein.
Was du draußen findest,
wird in dir etwas zum Klingen bringen.

9

Geh und stelle dich
wie ein Baum in die Landschaft.
Laß deine Wurzeln wachsen,
erlebe deine Krone.

Über dir ist blauer Himmel
(auch wenn es regnet).
Gott hat ihn blau gemacht,
weil er sich über dich als Baum freut.

10

Stell dir vor, daß die Augen deiner Freundin,
deines Freundes, deines Kindes, deines Vaters
Teiche sind, in die du tauchen kannst.

Jetzt schwimmst du in ihnen
und erfährst ihre Tiefe.

11

Gib deiner Angst einen Namen:
»Emma« meinetwegen
oder »Unfähigkeit« oder »Vergangenheit«,
und schreib der Angst einen Brief
und schreibe auch die Antwort auf,
die dir die Angst schickt.

12

Sag nein
ohne schlechtes Gewissen.
Du entscheidest.

13
Rufe jemand an
und rede anders als sonst:
direkter, offener,
sei in deinen Worten.
Sprich über das, was du fühlst
(du darfst dich sogar blamieren).

Sei doch nicht so vorhersagbar.

14
Denke an Gott,
nicht als Gott,
sondern als Freund,
den du besuchen kannst.

Schreib ihm einen Brief.
Rede mit ihm am Telefon,
ohne eine Nummer zu wählen.
Alle Nummern gehören ihm.

15
Schreibe hundertmal auf
»Ich kann mich verändern«
und glaube daran,
indem du dir ein mögliches, erreichbares Programm
liebevoll zusammenstellst.

Innigkeit entdecken.
Nicht als Wort,
nicht als lebensfremden Zustand,
sondern als das Leben selbst.

Innen sein.
Innen *sein.*

Ich bin eine tiefe Furche,
schwarze, feuchte Erde,
und die Luft fliegt voller Samen.

Der Schmerz sät sich in mich,
    dunkelblau und auf lange Saat.
Die Unmöglichkeit setzt sich auf meine
    Ackerkrume, ockern und selbstverständlich.
Die Betäubung landet zart,
    weiß und gewichtlos.
Die Sehnsucht will nicht landen,
    schwebt gelb und wie von weit.

Und dein breiter Pflug,
großer Pflüger,
wird sie alle zudecken,
Scholle um Scholle,
und ich, Erde,
werde sie alle hochtreiben
in Kraft und Hoffnung.
Ich werde sie zu Blumen für die Liebenden machen
und zu Brot für die Sterbenden,
Jahr um Jahr,
bis zur Auflösung der Farben
und bis die Erde zu Himmel wird,
blau über blau über blau.

An dem dunklen Rand entlang

Vor mir steht massiv und unbeweglich
das Beängstigende dieses Problems.
Von Minute zu Minute warte ich,
daß es sich löst. Von irgendwo.
Irgendwie.
Ich bin ein Zittern.
Ich erlebe meine Ohnmacht
als ein Weinen.

Ich will um mich greifen,
mir Lösungen erzwingen.
Ich will nicht drunterstehen.
Aber dann halte ich mich zurück,
flüchte nicht in Gebete
und wähle keine einfachen Auswege.
Ich lasse Formeln los
und werde nicht abergläubisch.
Ich erlaube mir keine Sprüche.

Ich halte meinen Glauben an Gott
wie ein schreckliches Gewicht aus.
Ich ertrage die bedrängende Wirklichkeit
seiner Antwortlosigkeit,
und doch sträubt sich in mir alles,
das als Antwort anzunehmen.

Es ist der schwere Weg
an dem dunklen Rand entlang,
der Weg durch die Zwickmühlen
in die Ausweglosigkeit.
In jeder Richtung steht das »Zu-Spät«.

Und doch, Gott,
will ich dich nicht als Helfer mißbrauchen.
Ich will meinem Glauben
die Gestalt des Aushaltens geben.
Ich will aufrecht stehen als Lob dir zu.
Mein Stummsein ist mein Lied.

Du traust mir diese Enge zu.
Dein Glaube an mich ist groß,
und das, ja das, ist mein Weg
aus der Verzweiflung.

Ich glaube deinem Glauben an mich,
und in meinem Zittern spüre ich Glück.

Jede Tat der Liebe
ist gegen die Gleichgültigkeit getan.
Aber in jeder Tat
ist ein Maß an Gleichgültigkeit,
dieses gierige Grau,
das jede Farbe zerstört
und von Enttäuschungen genährt wird.
So leben wir auf Messers Schneide.

Aber gerade da,
mit dem einen Fuß
schon in der Fehlbarkeit,
können wir die Kunst des Liebens lernen.
Nur wenn wir alles einsetzen,
all unsere Schätze für diesen einen Schatz,
werden wir das fressende Grau zurückhalten.
Wir müssen lieben wie Ausgelieferte,
wie Heimgesuchte und Bedingungslose.

Hinter uns müssen wir die Brücken verbrennen,
die uns in lockende Versprechungen führen wollen,
und all unsere Energie an einen Ort fließen lassen.
In heiliger Konzentration
müssen wir der Gleichgültigkeit die Stirn bieten,
uns gegen sie auflehnen,
weil sie der Tod ist.
So ist jede Auflehnung
eine Entscheidung für das Leben,
für das Werden und das Lieben.

Wortlos sein heißt schwach sein.
So habe ich es gelernt.
Und schon füllt sich die beängstigende Leere
mit zudeckenden Worten.
Ich habe gelernt, an Worte zu glauben,
Sprüche zu kaufen,
Reden zu halten.

Dagegen
sehe ich den schweigenden Jesus
vor Herodes,
vor der Welt, die Worte erwartet.
Und er hat keine.

Ich sehe, wie die Stille
den Weg zum Herzen aufbrennt,
wie sie erschreckt und verunsichert,
um den Weg durch alle Überredungen
und Beweise hindurch zu schlagen
und die Frage nach dem Sein zu stellen.

Ich will Jesus für mich sein
und mir selbst wortlos gegenüberstehen.
Ich will mir die Flucht in die Worte verweigern.
Ich will das Herz meines Herzens
von mir verlangen,
den tiefsten Willen in mir entdecken,
das Wesen meines Seins erleben.

Gott,
ich versuche
deine Eigenarten zu ergründen,
dein Verständnis von Wachstum und Reife
in meinem Leben zu begreifen,
zu verstehen, was mit mir und an mir geschieht.

Vor kurzer Zeit
habe ich einen besonderen Schritt
auf dich zu gemacht,
hinein in das größere Risiko.
Ich bin gesprungen.
Jetzt spüre ich täglich das Wagnis.
Manchmal schlafe ich schlecht,
aber ich lerne es anzunehmen.
Auch wenn ich »warum?« frage,
will ich der hartnäckigen Ungewißheit
ihren Beitrag zu meiner Reifung abtrotzen.
Ich will nicht das sich abwendende Stillschweigen.
Ich will nicht das fromme Abgeben meines Willens,
weil ich innerlich nicht da bin.
Ich will echt sein.
Und wenn mir Tränen nahe sind,
will ich mich ihnen überlassen
und begreifen, daß sie notwendig sind.

Aber in allem frage ich mich,
wer du wohl bist,
du, Gott, Gott,
für den ich mich entschieden habe,
Gott der Zuneigung und Zärtlichkeit,
wartender Vater des verlorenen Sohnes,
sehnsüchtiger Gott, sehnsüchtig nach mir.

Bildloser Gott, wohin wachse ich?
Komme ich dir näher, du Geist?
Ist mein Wagnis in deinem Reich angesiedelt?
Baue ich an einer Illusion
und lebe ich, was mir nicht zusteht?

Ich versuche, mich in Dimensionen hineinzu*denken,*
die ich nur vom *Fühlen* kenne.
Ich versuche zu ahnen
mit allem, was in mir ist.
Ich verbiete mir die Verzweiflung,
weil sie mir wie ein Gift
in alle Lebensbahnen schießt.

Ich will das Offene aushalten.

Ich lehne die Sprüche ab,
die mir den Tod bringen,
die mich entwürdigen
und schlechtmachen.

Wie ich sie hasse,
die gutgemeinten Vereinfachungen,
die ich nur glauben kann,
wenn ich mich nicht ernst nehme.

Aber
ich habe entschieden,
mich ernst zu nehmen
als Akt des tiefsten Glaubens
an dich, Gott,
weil du sagst,
daß du unser Leben willst
und nicht unseren Tod,
weil du unser Wachstum wünschst
und nicht unsere Verkümmerung.

Darum wehre ich mich
gegen die Verstümmler,
gegen die Entwürdiger und Reduzierer,
gegen die Kleinkarierten,
gegen die Vereinfacher,
gegen die Seelenzerstörer,
gegen die Sichtlosen und Lauten,
gegen die Vorschreiber und Nachbeter.

Ich achte nicht mehr auf ihre Sprüche.
Ich halte mich nicht mehr an ihre Regeln.
Ich glaube nicht mehr ihrem Geflüster.
Ich bete nicht mehr ihre Gebete.
Ich singe nicht mehr ihre Lieder.
Ich erwidere nicht mehr ihr Lächeln.
Ich suche nicht mehr ihren Gott.

Auch gerade dann nicht,
wenn sie in mir wohnen.

... und vergiß nicht,
daß sich mitten im Schmerz
eine Tür auftut,
so groß nur
wie dein kleiner Rest Freude.

Erst blickst du nur durch.
Dann steckst du den Kopf durch,
deine Hände, Arme,
deine Schultern seitlich,
dann springst du
im Hechtsprung durch.

Wenn du dich dann umdrehst,
findest du die Tür nicht mehr.

Der Stein in der Luft
und der Stein im Wasser
ist derselbe Stein.
Aber Luft und Wasser
erleben ihn verschieden.

Der Christus in mir
ist nicht der Christus in dir,
und doch ist er es.
Aber wo du fliegst,
muß ich schwimmen.

Ich laufe gegen Mauern.
Die Sonne will erst gar nicht aufgehen.
Das, was ich ernsthaft begonnen habe,
wirkt jetzt lächerlich,
weil es nicht weitergeht.
Die Energie,
mit der ich meine Hoffnungen verfolgt habe,
ist weg.
Ich schlafe mich aus der Wirklichkeit hinaus.

Heute sind Gottes Zusagen
nur Buchstaben auf dem Papier.
Ich kriege sie nicht in mein Herz.
Mein Denken läuft in Furchen,
die sich mit jeder Wiederholung vertiefen.
In jedem Kreislauf der Gedanken
gebe ich der Angst mehr Platz.
Ich greife um mich,
aber es ist nichts da.

Darum hörst du mich heute
immer nur »O Gott! O Gott!« sagen.
Das ist der Rest meines Glaubens,
die übriggebliebene Kraft.
Das ist mein Gebet.
Es besteht nur aus Erschlagenheit.
Mehr habe ich nicht zu geben.

Ich lebe auf dich zu

Erst haben wir zaghaft versucht,
es mit Worten zu erklären.
Dann haben wir Tinte zur Hilfe genommen
(diese Schnörkel auf Weiß,
von denen wir Richtung erhofften).
Dann haben wir mit unseren Händen
Bilder in die Luft und auf die Haut gemalt.

Wir haben tief gefühlt,
haben in Licht und Dunkelheit Wege entdeckt.
Wir haben die inneren Anreden gehört
und uns ihnen gestellt.
Wir haben uns noch einmal
an die ersten vorsichtigen Worte erinnert
und schon in ihnen
erstaunliche Festigkeit gespürt.

Jetzt sind wir dabei,
Worte, Tinte und Bilder
nur als Ausdruck der Ahnung zu verstehen
und das Geheimnis der Begegnung selbst
als einen Felsen in uns aufzunehmen:
sprachlos, schriftlos, bildlos.

Wir sind gemeint.
Wir sind betroffen.
Wir sind gewählt.

Was ich gemeint habe,
weiß ich nicht.
Was ich nicht gemeint habe,
weiß ich nicht.
Ich habe dir nur geantwortet.
Ich habe mit meinem Wesen geschrien.

Rückblickend weiß ich,
daß du mich getroffen hattest,
da, wo ich keine Haut hatte
und auch jetzt noch keine habe.
Und als du mich trafst,
blieb mir nur der freche Sprung
auf dich zu,
mit dem ich mich retten wollte.

Und da wußte ich plötzlich,
daß, als du mich trafst,
du dich auch nur retten wolltest,
weil auch ich schon oft
eine Verletzung für dich gewesen bin.

Vielleicht können wir versuchen,
einander zu retten
durch den Sprung der Liebe
aufeinander zu.

In deinen Augen zeichnet sich ab,
wo du stehst,
wo die Entscheidungen deines Lebens fallen.
In deinen weitgeweiteten Augen steht die Angst,
oder du entfliehst in glasigem Selbstvergessen
oder versinkst in Freude
hinter deinen geschlossenen Lidern.

Da liegst du offen vor mir
in deiner Hilfsbedürftigkeit,
in all deinen Möglichkeiten und Unmöglichkeiten.
Da sehe ich dein Ringen um Verständnis
für das, was Gott an dir tut oder unterläßt.
Da wird dein Kampf mit der Einsamkeit sichtbar.

In deinen Augen sehe ich,
wie verletzbar du bist,
wie du versuchst, in eine Stärke zu fliehen,
es aber doch nicht tust.
Dadurch wirst du transparent.

Ich sehe, wie du ein Mensch wirst,
ein Mensch in seiner ganzen Anfälligkeit,
voll Wunden,
an denen du leidest,
an denen du wächst,
Wunden, die dir Wege in die Freiheit öffnen.

Deine Wunden sind der Weg,
auf dem ich zu dir kommen kann.
Deine Wunden erlauben mir meine Wunden.
Ich weine in dir,
und du lachst in mir.

Wir wollen weiter verwundbar bleiben,
weil wir dann frei sind,
das zu sein, was wir sind.
In uns beiden stirbt und aufersteht Jesus,
und wir werden zu Christussen aneinander.

In deinen Augen
zeichnet sich die Vollkommenheit ab.
Ich kann ablesen, was sein wird.
Ich ahne die letzte unserer Verwandlungen.

An ihren kalten Händen und Füßen
spürt sie noch heute
die vereisten Landschaften
in den Augen ihres Vaters.
Eisberge, Gletscher und ewiger Frost,
so ewig wie die Gerechtigkeit Gottes,
für die er lebte
und andere leiden ließ.

Dagegen war dieses kleine Mädchen
eine Südfrucht ohne Schale,
zu lebendig an Händen und Füßen,
und das mußte absterben,
um die Welt rein zu erhalten,
weil zuviel Leben das Eis schmilzt.

Aber selbst diese schiefe Gerechtigkeit Gottes
war nicht fähig,
die Ströme lebendigmachenden Wassers,
die in ihr,
noch vor dem Eis,
angelegt waren,
aufzuhalten.

Ich werde gerade
in dem Gespaltenen,
in dem weit Aufgerissenen,
in dem tiefen Fleisch der klaffenden Wunde,
in der Wellengruft, die mir entgegengähnt,
in dem Bruchteil der Sekunde
zwischen Noch-Nie und Nie-Mehr,
das ganz anders schlagende Herz sehen.

Deins und meins.
Und erstaunt sein,
wie lebensvoll der Schmerz ist,
und wie gerade das Geborstene
an dem Schmerz tiefer heilt.

Wir werden uns gegen ihn stellen,
Adern auf der Stirn,
hervortretende Muskeln gespannt,
gegen diesen Schleicher,
der in kein Visier zu bekommen ist,
diesen intimen Feind,
der sich in stiller Zerstörung
bei uns breitmacht,
mit der Zeit auf seiner Seite.

Wie doch aus den Handlungen
die staunende Seele flieht,
wenn wir uns gewöhnen.
Wie sich der Geist entfleischt
und zu Buchstaben wird,
wenn wir uns gewöhnen.
Wie leer wir werden
in den Ichweißnichtwarum-Bewegungen,
wenn wir uns gewöhnen

Nur die Zartheit,
die sich selbst kaum wahrnimmt,
dieser Kontakt in der Luft,
nur die Worte,
deren Wert unschätzbar ist,
weil sie in uns die Vision freisetzen,
nur das Noch-nicht-Wissen,
das Suchen zwischen den Dingen,
das Erkennen und Lieben des Unbekannten
wird uns retten und erneuern.

Und nur so
werden wir dem Feind,
der in jeder Wiederholung Kraft sammelt,
seine Leblosigkeit spiegeln.
Nur so werden wir wissen,
daß die mechanischen Bewegungen tot sind,
daß die heiligen Gewohnheiten
unheilig geworden sind,
daß wir ausgehöhlt sind
und erbärmlich leer
bei allen Demonstrationen von Fülle.

Du,
ich muß dich
zum erstenmal sehen,
immer wieder,
sonst stirbst du
in mir.

Es könnte sein,
daß du auf mich zukommst
und ich dich nicht erkenne.

Es könnte sein,
daß ich neben dir stehe
und du nach mir suchst.

Es könnte sein,
daß dein Schrei an mir abgleitet
und ich deinen Schmerz nicht höre.

Es könnte sein,
daß ich dich verzweifelt liebe
und du es als Ablehnung erlebst.

Es könnte sein,
daß ich deiner Freiheit nicht traue
und mich zu deinem Wächter mache.

Es könnte sein,
daß du mir helfen willst
und mir dabei schadest.

Es könnte sein,
daß ich dich rufe
und nur mein Echo erlebe.

Es könnte sein,
daß du mich rufst
und ich nur Abgrund bin.

Aber
unter dem Versagen,
unter der Verzweiflung und Enttäuschung,
unter dem Schmerz,
unter der Sprachlosigkeit
gibt es noch eine Ebene,
eine Entscheidung,
die wenig oder gar nicht bestimmt wird
von dem, was im Leben passiert:
die Ebene der bedingungslosen Liebe.
Da will ich hin.

Aber auch wenn ich jetzt noch nicht da bin,
will ich zu mir stehen,
weil ich auch mich selbst
bedingungslos lieben will.

Ich versuche deine Tür zu öffnen.
Sie klemmt.
Aber ich will dich sehen.
Durch den Spalt höre ich deine Worte.
Sie sind fremd und hart,
verschlüsselt und unnachsprechbar.
Ich bin festgewachsen,
komme nicht von mir los.
Deine Augen haben Schleier.
Der Nebel kommt und geht.

Dann schließe ich meine Augen.
Ich greife in die Luft.
Ich lasse los, was ich von dir weiß.
Ich verlasse mich,
um zu dir zu gelangen,
und finde mich dann schon bei dir vor.
Ich war schon vor mir bei dir.
Durch das Verlassen habe ich mich gefunden.

Alles andere
kann ich lösen,
wenn ich in deinem Herzen bin.
Da werde ich sehend
für dich.

Wir wollen doch wohin.
Wohin ist nicht klar.
Es muß da etwas sein.
Es muß mehr geben
an der anderen Seite,
hinter den Dingen,
die die Blicke blockieren.
Wir nehmen den einstürzenden Himmel
nicht mehr an.
Wir verweigern uns den Gräbern,
die sich in uns auftun.
Wir suchen die Leichtigkeit,
das fliegende Ahnen.

Wir wollen das zarteste Ich wiederfinden,
das Pusteblumenichunddu.
Durch Zerbrechlichkeit
wollen wir uns vor dem Zerbruch retten.

Kommst du mit?

Du sollst dir kein Bildnis oder Gleichnis
machen, weder von dem, was im Himmel ist,
noch von dem, was auf der Erde, im Wasser
oder unter der Erde ist.
2. Mose 20,4

Die Liebe befreit aus jeglichem Bildnis.
Das ist das Erregende, das Abenteuerliche,
das eigentlich Spannende, daß wir mit den
Menschen, die wir lieben, nicht fertig werden:
weil wir sie lieben; solang wir sie lieben.

Man macht sich ein Bildnis. Das ist das
Lieblose, der Verrat.
Max Frisch, Tagebuch

1
Die Wahrheit kann man nicht haben.
Nur Bilder lassen sich festhalten.

2
Was sich festhalten läßt,
lohnt sich nicht festzuhalten.

3
Bilder sind lebensnotwendig,
aber ihre Überwindung ist ebenso wichtig.
Zur Überwindung brauchen wir neue Bilder,
die dann wiederum überwunden werden müssen.

4
Es gibt kein Wort,
das nicht ein Bild ist.
Unsere Sprache ist eine Bildersammlung.

5
Gott selbst ist kein Bild,
aber wir haben nur Bilder von ihm.

6
Gott hat von uns kein Bild.

7
Bilder versuchen sich selbst
als absolut zu setzen.

8
Es gehört zu unserer Begrenzung,
das Bild und die Sache oder Person zu verwechseln.
Immer dann, wenn wir einen Reifungsschritt
weiter machen können,
fällt uns der Unterschied auf.
Reifen heißt dann: Bilder loslassen.

9
Statische Bilder sind immer Lügen.
Sogar in Steinen bewegen sich die Moleküle noch.

10
Von anderen Menschen haben wir nur Bilder.
Aber sie sind nicht ihre Bilder.

11
Die Kraft in Bildern
kommt aus unserem Glauben an sie.
Wir entscheiden, welchen Bildern wir glauben,
auch welchen Gottesbildern.

12
Es ist wichtig, daß uns Bilder
irgendwann enttäuschen.
Sonst würden wir sie nie loslassen.

Meistens lassen wir nur los,
was wir eigentlich schon nicht mehr haben.

13
Mehr Energie wird daran verwandt,
kaputte Bilder zu flicken,
als neue Bilder,
reifere Bilder,
(auf dem Weg in die Bildlosigkeit)
zu suchen.

Bilder zu flicken gleicht
Wasser mit einem Sieb zu schöpfen.

14
Zerbrochene Bilder lassen die Wahrheit,
die hinter ihnen liegt,
stärker durchscheinen.

15
Die Liebe zum andern und zu mir
verbietet mir, mich an das Bild,
das der andere von mir hat,
zu halten.
Wenn ich es täte,
ginge ich ihm und mir dabei verloren.

16
Enttäuschung ist ein Hinweis,
daß ein Bild kaputtgeht.
Jede Enttäuschung führt aus der Illusion,
aber nicht unbedingt näher an die Wahrheit.

17
Auch ich habe ein Bild von mir,
aber ich erlebe immer erst mich
und dann mein Bild.

18
Mißtraue diesen Aussagen.
Sie sind Bilder.
Wenn sie dich auf den Weg
in die Bildlosigkeit locken,
haben sie ihren Dienst getan.

Hast du noch Energie, auf mich zu warten?
Ich lebe am Rand meiner Möglichkeiten.
Ich will mich nicht zerbrechen,
um zu dir zu kommen,
weil ich dir ein Gegenüber sein will
und nicht ein Gebrochener.

Wenn du warten kannst,
will ich dich
mit meiner größeren Freiheit beschenken.
Weil ich dich nicht mehr brauche,
werde ich dich ganz neu lieben können.
Weil ich von dir freiwachse,
kann ich mich bringen,
wenn ich komme.
Darum warte noch.

Halte aus,
daß wir getrennt sind.
Das Aushalten wird uns verbinden.

Vielleicht wird sogar der Moment kommen,
wo ich tief innen weiß,
daß keins deiner Geschenke so kostbar war
wie die Not, die du mir gemacht hast.

Dann werde ich bei dir sein
wie nie zuvor.

Ich will mir trauen

Ich darf meinen Gefühlen nicht trauen. Darf mich ihnen nicht ausliefern. Sie kommen doch von unten, von meiner tierischen Natur. Sind suspekt. Erhobener Zeigefinger. Angst. Unsicherheit. So habe ich es gelernt. So hat man es um mich geglaubt. So höre ich es auch heute noch um mich, auch von denen, die sagen, daß alles neu geworden ist. So habe ich Angst vor mir selbst. So bin ich gegen mich. So bin ich ein zerrüttetes Haus.

... und doch empfinde ich meine Gefühle wie ein Blühen in mir. Knospen, Blüten, Früchte. Ich empfinde Zartheit, Anschmiegsamkeit, Entschiedenheit, die Gewißheit der rechten Stunde. Ich fühle mich wohl. Ich fühle mich alt, jung, reif, neu. Ich erlebe meine Unsicherheit wie ein Gespür für den Rand der Dinge. Ich fühle. Ich fühle mich. Das bin ich. Ich bin auch meine Gefühle. Dazu stehe ich.

Ich habe mich Gott ausgeliefert. Er ist eingezogen und verändert alles mit meinem Dazutun. Er hat meine Gefühle in seinen verändernden Händen. Ich traue den Händen und darum meinen Gefühlen. Ich bin auf dem Weg aus der Angst vor mir.

Von meinem Schreibtisch aus kann ich auf eine Fichte sehen. Sie ist etwa fünfzehn Meter hoch, läuft oben spitz aus. Die Spitze bewegt sich auch bei geringem Wind von Seite zu Seite.

Mit Verwunderung und Freude und ein wenig Genugtuung erlebe ich, daß die Amsel, der Ast, die ganze Fichte, das Erdreich, das die Wurzeln durchdringen, der Hang des Berges, an dem die Fichte und mein Haus stehen, die Landschaft, das Land, der Kontinent und die ganze Erde sind und weitermachen, sogar tief leben, ohne mein Dazutun, ohne mein Gebet, ohne meine Fürsorge. Ich bin herrlich frei.

Ich kenne Zeiten, in denen die Flut von Einsichten
beängstigt. Es ist, als ob ein Wall in mir gebrochen
sei und das Angestaute, Erlebnisse von Monaten,
die in der Stille und dem Geheimnis des inneren
Lebens gewachsen sind und verarbeitet wurden, nun
frei fließen könnten. Ich stehe dann in der Mitte
meiner Gedankenreihen, und von mir aus und zu mir
hin gehen sternförmig Gedankenwege.

Dann kenne ich zwei Gefühle, und beide treffen
mich zutiefst. Erstens: so in der Mitte von mir selbst
zu stehen, »bei mir zu sein«, mich wichtig genug zu
nehmen, um in dieser Haltung zu stehen. Zweitens:
zu wissen, daß alle Einsichten nur Wege sind, nie
Abschlüsse. Einsichten sind Wege. Wege muß ich
gehen, nicht auf ihnen stillstehen. Die Schönheit und
der Zauber dieser Wege beruhen darauf, daß sie
Einblicke in mögliche Zusammenhänge der Welt geben. Vielleicht gibt es doch Weltformeln, die für
mich lesbar sind.

Der Geist leitet in alle Wahrheit, und diese
Wahrheit ist Lebensraum: drei- oder mehrdimen-
sional. Ich darf eine ganze Person sein mit Tiefe,
Höhe und Breite. Die Wahrheit ist nicht ein Gedanke, in dem ich mit meinem Leben keinen Platz
habe. Nein, in der Wahrheit ist für mich Platz, und
die Wahrheit ist immer Leben.

Heute an einem Spätherbstnachmittag wirft die Sonne ein besonders mildes Licht über die Berge und das Meer vor meinem Haus. Der Baum vor meinem Fenster trägt noch vier Blätter an kahlen Ästen. Silbergraue Borke des Ahorns. Alles ist so einfach in dem Bild der Landschaft. Der Baum ist fertig für den Winter.

Ich kann meinen Kopf, meine Gedanken nicht auf dieses einfache Herbstliche reduzieren: auf das Abstreifen des Lebens und das Beschränken auf Wesentliches, um zu überleben. Bei mir muß erst der Schnee kommen und mich zwingen.

Doch die gelb sinkende Sonne macht mir Mut zur Einfachheit. Sie rührt den Mut in mir an, den ich immer spüre als einen Reichtum, dem ich mich mehr zuwenden möchte. Ich will den Mut haben, mehr und mehr von mir abfallen zu lassen.

Über das, was uns alle angeht, worin wir leben, Haut und Herz, was uns am meisten Schwierigkeiten macht, was wir nicht vergessen oder beiseite legen können, oder nur für ein paar Minuten, allenfalls für ein paar Stunden, was uns in Schuld und Angst stürzt, was uns zur Verzweiflung treibt, weil wir es nicht in den Griff kriegen, darüber wird nicht geredet oder nur sehr selten und dann so, als würden wir über jemand anders reden oder hätten wir alles schon durchgearbeitet und stünden über den Dingen. Oder wir untertreiben so kräftig, daß das ganze zu einer akademischen Frage wird, zu einem Zeitvertreib.

Wenn einer zum anderen offener reden würde, könnte es ja auch sein, daß die zwei sich ansehen und *erkennen* würden, überwältigt von ihrer Bruderschaft im Leiden, und sich dann zwei weitere suchen würden, mit denen sie ihr Erlebnis teilen könnten und es sich so wiederholen würde, und diese vier dann weitere vier finden ... acht, sechzehn, zweiunddreißig, vierundsechzig, und immer so weiter.

Dann gäbe es zwei Möglichkeiten. Es wäre dann die Gefahr, daß alle in dem großen Loch des Unbeantwortbaren, des nicht zu Vergessenden, in dem Loch der Schwierigkeiten verschwinden würden. Oder aber sie würden gemeinsam ihre Kräfte verdoppeln, vervierfachen, verachtfachen und sich an den Mann wenden, der all das vorher durchgemacht und es überlebt hat, auch wenn er starb. Alle Angst und Verzweiflung. Der durch sein Leiden allem Leiden einen Sinn gegeben hat, der gerade für die Verschlossenen und von Fragen Überwältigten einen Weg weiter wußte.

Gesund spielen ist die größte Krankheit. Es ist ein Aussatz, ansteckend, zersetzend, entstellend. Es gibt nur ein Heilmittel: das Zugeben der Krankheit.

Ich habe mit ihm geredet. Er wußte alles. Hatte Antworten und Erklärungen für alles. Er hatte ein System, in das alles paßte. Und was nicht paßte, gab es nicht. Darum war ihm nichts peinlich an meinen Fragen. Aber mir war es peinlich, daß ich solche Fragen hatte. Auf seine Antworten hätte ich auch selbst kommen müssen. Klar. Alles klar. Es leuchtete mir ein. Jedenfalls damals.

Warum ich ihm jetzt nicht mehr glaube? Weil er nicht fragen kann! Seine Fraglosigkeit ist seine Verurteilung meiner Person. Auch seine Antworten sind ein Urteil. Er haßt mich – aber das würde er nie zugeben. Eigentlich haßt er meine Fragen – aber sie werden ungefährlicher, weil er ja Antworten hat.

Aber ohne Fragen ist er arm. Ärmer kann man nicht sein, als wenn man ohne Fragen ist. Seine Antworten kommen aus dieser Armut, die er Reichtum nennt.

Die Leuchtkraft eines einzelnen, hervorgehobenen, bewußt erlebten Augenblicks kann ich gegen den erdrückenden, unaufhaltsamen Ablauf der Zeit halten.

Wenn du deine Hand auf meine legst und es mich durchstürzt, daß wir beide sind, hier, jetzt, in Verwundbarkeit und Freude, dann kann ich die Sinnlosigkeit, die sich in ihrer schleichenden, stillen Art auf alles, was leben will, zu legen droht, durch mein Erleben zurückweisen.

Es gibt keine Zeit als nur jetzt.

Und die leuchtet.

Ich sehe es in deinen Augen.

Über zwei Dinge bin ich mir klar. Ich will *Gott* nicht verlassen und ich will *mich* nicht verlassen. Ich bin gelehrt worden, daß beides nicht geht, daß diese Aussagen im Konflikt miteinander stehen.

Wenn ich mich verlassen würde (mit dem Gedanken des Sterbens bin ich ja aufgewachsen), wer stünde dann noch zu Gott? Wäre ich das noch? Oder wäre es eine Art Hülle, ein willenloser Mensch, ein nur-gehorsames Etwas? Und wenn ich Gott verließe, würde ich dann nicht alles verlieren, was mir kostbar ist, wäre es nicht der Grund, auf dem ich überhaupt bin, den ich verlassen würde?

Darum: Eins zu wollen ist immer beides zu wollen. Und eins zu verlieren ist immer beides zu verlieren. Meine Liebe zu Gott ist immer Liebe zu mir selbst, und meine Liebe zu mir selbst führt immer zu Gott.

Wenn ich meine Haustür öffne und eintrete, finde ich viele Zimmer vor. Das Zimmer der Bücher. Ein Zimmer zum Ausruhen. Eins zum Waschen und eins zum Schlafen. Jedes Zimmer bietet sich mir an, als erwarte es etwas von mir. Und doch finde ich manchmal kein Zimmer, in dem ich mich aufhalten möchte.

Dann gehe ich hinaus. Hinter meinem Haus ist dichter Wald. Mischwald. Wie zur Auswahl.

Ich bin jetzt draußen und atme tief durch. Wenn die Luft vom Meer her klar und etwas kühl ist, hilft dieses Durchatmen etwas. Dann treten die Berge von der anderen Seite des Fjordes zu mir herüber.

Doch lange hält auch das nicht vor. Ich begebe mich wieder auf die Suche. Ich drehe mich schnell um in der Hoffnung, hinter einem kleinen Stamm oder in dem Farnkraut auf dem umgestürzten Baum zu entdecken, was ich suche.

Die großen Fenster meines Hauses gewähren mir von hier aus einen Blick in mein Haus. Aber auch da ist es inzwischen nicht. Ich ahne, daß es ständig unterwegs ist.

Sonntagnachmittag. Klar, ein leichter Wind. Ich stelle mir einen Park vor oder auch die offene Landschaft am Stadtrand. Wald. Buchen, meinetwegen.

Du und ich. Wir kennen uns nicht. Ein Ypsilon mit zwei hochstehenden Armen: Du befindest dich auf einem Arm, ich auf dem anderen. Wir treffen uns. Unbeabsichtigt.

Ich gehe ein paar Schritte hinter dir und stelle fest, daß du kleinere Schritte machst als ich. Ich muß trippeln. Wir hören keine Vögel. Der Weg steigt an. Wir sehen dadurch mehr Himmel. Blau. Dann kommen wir an eine Stelle, die uns den Blick ins Tal freigibt. Ich stehe rechts neben dir und lehne mich mit meiner Schulter gegen einen Baum.

Alles ist unglaublich einfach. Die Buchen, der Himmel darüber, du, die Luft – leer und doch reich, die Zeit ist nicht gegen uns, nichts zerrt oder schiebt.

In dieser Einfachheit löst sich in mir alles. Ich spüre, daß ich leichter werde. Vielleicht könnte ich fliegen. Ich bin, ich bin, ich bin, ich bin bei euch, ich bin bei euch, ich bin bei euch alle Tage, alle Tage, alle Tage, so läuft es mir durch den Kopf.

Du fragst mich in einem kurzen Satz, wer ich sei. Zu den Buchen, zu dem Himmel, blau, zur stillstehenden Zeit gehört jetzt auch deine Stimme.

Und sie paßt zu allem. Ich warte einen Augenblick, sage nichts, tue mich dem »bei euch alle Tage« weiter und weiter auf und merke, wie du verstehst, auch wenn du die Worte nicht kennst. Wir erkennen einander und nehmen einander auf. Wir legen das Wollen ab, und das Trennende wird viel weniger. Wir werfen unsere versteckten Anliegen weg und können uns ansehen. Nichts ist wichtiger als du. Wir können uns die Hände geben.

Ich bin erfüllt von dem »alle Tage« und werde offen wie der blaue Himmel...

Inhalt

Bücher von Ulrich Schaffer im Oncken und Brockhaus Verlag, Wuppertal

Drei Bände mit Meditationen, Gebeten und Gedichten:
Trotz meiner Schuld
Kreise schlagen
Umkehrungen

Drei Bände über zwischenmenschliche Beziehungen:
Ich will dich lieben
Wachsende Liebe
Mit Kindern wachsen

Psalmenübertragungen:
Gott, was willst du?

Zwei Schwarz-weiß Bildbände im Großformat:
Im Aufwind
Wurzeln schlagen

Zwei Farbbildbände:
Überrascht vom Licht
Das Zarte lieben

Psalm 104 fotografisch illustriert und neu übertragen:
Ein Lied von Licht und Leben

Aufzeichnungen:
Journal

Eine Erzählung zum Thema Selbsttötung:
Das Schweigen dieser unendlichen Räume

Zyklische Meditationen in Form von Selbstgesprächen:
Jesus, ich bin traurig froh

Ein Band moderner Gleichnisse:
Der Turm

Ulrich Schaffer · Ins Blaue wachsen
Gedanken zum Reifen

95 Seiten mit 43 ganzseitigen, vierfarbigen Fotos
von Ulrich Schaffer
Format: 22 × 24 cm, gebunden

Schaffers brillante Fotos locken immer wieder ins Blau hinein, ins
Blau des Himmels, in bläulich schimmernde Baumstämme und ins
sanfte Blau von Blüten. Die Naturfotos, in der herben, unzerstör-
ten Landschaft Kanadas entstanden, faszinieren durch die ur-
wüchsige Kraft, die aus ihnen spricht. Ulrich Schaffer verbindet
die Bildmotive mit sensiblen, meditativen Texten, in denen er
seelisch-geistiges Wachstum beschwört: „Ich will Grenzenlosigkeit
als meine letzte Haut. Ich bin nicht zufrieden mit betäubenden
Wiederholungen. Ich will die aufgehobenen Grenzen, die Unver-
schämtheit des Lebendigseins, ein Stück des Unbelasteten." Ein
ungewöhnliches Geschenkbuch für Menschen, die sich anrühren
lassen vom Schönen und sich mitnehmen lassen auf einen Weg
des Wachstums, der ihr eigener werden kann.

Wilhard Becker/Ulrich Schaffer
Ganz anders könnte man leben
Perspektiven der Hoffnung

118 Seiten, kartoniert

Hier wird ein christliches Menschenbild entworfen, das, wird es
verwirklicht, Christen zu Hoffnungsträgern der gefährdeten
Menschheit machte.
Die beiden Autoren sind in ihrer Bibel zu Hause. Sie kennen aus
eigener Erfahrung die Glaubensvorstellungen, die das Licht der
Botschaft Jesu verdunkeln, statt es zum Leuchten zu bringen.
Ebenso entschlossen wie behutsam lösen sie seelische Knoten, die
sich durch Mißverständnisse des Glaubens gebildet haben. Oft
scheint es, als stellten sie bisherige Vorstellungen vom christlichen
Leben auf den Kopf, gerade so aber wird die befreiende Kraft der
Botschaft Jesu wieder wirksam. Erkenntnisse der Tiefenpsycholo-
gie widersprechen gerade nicht dem Glauben an Christus.

Kreuz Verlag